RECHERCHES GÉNÉALOGIQUES

SUR LA

FAMILLE D'AUGY

(Barrois, XVe-XVIIe siècles.)

PAR

Léon GERMAIN

NANCY

TYPOGRAPHIE G. CRÉPIN-LEBLOND, PASSAGE DU CASINO

1885.

RECHERCHES GÉNÉALOGIQUES

SUR LA

FAMILLE D'AUGY

(Barrois, XV-XVIIe siècles.)

PAR

Léon GERMAIN

NANCY

TYPOGRAPHIE G. CRÉPIN-LEBLOND, PASSAGE DU CASINO

1885.

RECHERCHES GÉNÉALOGIQUES

SUR LA

FAMILLE D'AUGY

(Barrois, XVe-XVIIe siècles.)

———

Au début de nos recherches entreprises, il y a quelques années déjà, sur les familles seigneuriales de Cons-la-Grandville, nous avons été amené à étudier la généalogie de la maison d'Augy, qui a tenu dans le Barrois, aux XVe et XVIe siècles, un rang très distingué. Il s'agissait de découvrir à quel titre, en 1495, Guillaume d'Augy, prévôt de Longwy, se qualifiait seigneur de Cons. Nous nous étions livré à un travail considérable, sans parvenir à connaître l'origine de cette propriété, lorsqu'un document des archives du château de Cons-la-Grandville nous prouva que Guillaume prit cette qualité uniquement à raison du douaire de sa femme, Jeanne de Pouilly, veuve, en premières noces, de Clément d'Epinal, seigneur de Cons pour la moitié.

L'histoire de la maison d'Augy se rattache donc fort indirectement à celle de la localité dont nous nous occupons. Toutefois, comme sa généalogie n'est fournie par aucun nobiliaire et que l'on n'a pu encore s'accorder ni sur son nom, ni sur ses armes, nous avons cru que, malgré son état incomplet, le résultat de nos recherches présenterait un assez sérieux intérêt.

D'après l'orthographe la plus usitée, le nom de cette famille doit s'écrire D'AUGY. C'est la forme que nous avons trouvée dans un grand nombre des titres les plus anciens et dans les signatures (1), c'est celle également qu'ont préférée Dom Calmet et plusieurs historiens. Comme il est souvent difficile, pour ne pas dire impossible, de distinguer l'*u* de l'*n*, M. Dumont a généralement lu *d'Angy* et *Dangy* ; mais le sceau de Guillaume III, en 1517, porte, en caractères latins, le nom DAVGY, ce qui ne laisse aucun doute sur la prononciation, au moins pour cette époque.

L'origine de la famille n'est pas connue et ne peut être rattachée à aucune des localités de noms analogues (2). Toutefois, les variantes très nombreuses, —

(1) Comme l'apostrophe ne commença guère à être employée qu'au commencement du XVIIᵉ siècle, on écrivait *Daugy* et plus ordinairement *daugy*, l'initiale *d* étant, dans l'usage, presque toujours minuscule. — Conformément à l'usage actuel, qui consiste à mettre les accents et les majuscules suivant le sens, nous ne nous sommes pas fait scrupule d'écrire *d'Augy* et *d'Angy* lorsque le texte manuscrit porte *daugy* et *dangy*, etc.

(2) Le *Dict. des Communes* indique : AUGY, Aisne, arr. Soissons, c. Braisne ; AUGY, uni à Saint-Léopardin, Allier, arr. Moulins, c. Lurcy-Lévy ; AUGY, château, cⁿᵉ. et c. Baugy, Cher, arr. Bourges ; Augy, Yonne, arr. et c. Auxerre ; Augy-sous-Aubois, Cher, arr. Saint-Amand, c. Sancoins ; ANGY,

Daugey, 1532 ; *Daugier*, 1548 ; *Dogier*, 1564 ; *D'augis*, *Daulgis*, 1574 ; *Daugez*, 1605 ; *Danger, Les Daugez*, 1607 ; *Dangier*, XVIIᵉ siècle — et le fait de son installation dans le Barrois sous le règne de René Iᵉʳ, permettent de croire que cette maison noble provenait de la ville d'Angers, et en portait primitivement le nom, qui, le plus souvent, au XVᵉ siècle, s'écrivait *Angiers*. Ce vocable, altéré par la prononciation lorraine, et varié ainsi qu'on vient de le voir, aura fini par devenir *Augy* (1).

Ce qui confirme l'origine, étrangère au Barrois, de cette famille et sa noblesse préexistante, ce sont les hautes fonctions de bailli de Saint-Mihiel que trois de ses premiers membres connus occupèrent dans le duché. Ensuite, leurs descendants ne reçurent plus de charges de cette importance, et leurs propriétés territoriales ne furent jamais fort considérables.

« La dignité de Bailli, dit M. Dumont dans son *Histoire de Saint-Mihiel* (t. III, p. 132-133), était le

Oise, arr. Clermont, c. Mouy. — Une terre féodale, en Normandie, s'appelait AUGY (v. le P. Anselme, VI, 354, D.) Un château de la Hasbaye portait le nom d'ENGY ou Engisch (v. Henricourt, *Miroir des nobles de Hasbaye*, p. 166).

(1) Une famille de l'Orléanais, encore existante, porte le nom d'AUGIER DE MOUSSAC (*Généal. de la maison de Gargan*, Metz, 1881, p. 456). M. Grandmaison cite deux autres familles du même nom, trois de celui d'AUGER, et une autre appelée ANGERS. — Le changement de l'N en U est chose fréquente : par exemple MOÛTIER, de *monstier*, *monasterium* ; COUVENT, de *convent*, *conventus* ; etc.

partage des gentilshommes militaires les plus élevés en grade près du Duc et qui jouissaient de sa plus intime confiance... C'était le général commandant supérieur des forces militaires, le magistrat suprême chef de la justice, l'intendant des affaires administratives, décidant en dernier ressort après le Duc. Son pouvoir rayonnait sur une vaste étendue de pays, qui formait alors le Barrois non mouvant de la France, comprenant plus de 600 villes, bourgs et villages. »

Avant d'aborder, à l'aide de documents authentiques, la généalogie de la maison d'Augy, examinons ce qu'ont dit à son sujet les nobiliaires.

Dans les planches d'armoiries destinées à l'illustration de *Simple crayon* de Mathieu Husson l'Escossois, et conservées au dépôt de la Calchographie du Louvre, on remarque l'écu suivant ; il se rapporte incontestablement à la famille d'Augy ; mais aucun des exemplaires du rarissime nobiliaire que nous avons pu consulter ne renferme la notice correspondante : *d'azur à la fasce d'or, chargée à dextre d'une étoile de gueules et accompagnée de trois merlettes d'argent, deux en chef, une en pointe* (Pl. 8. n° 14).

Jean Cayon, dans son imitation des gravures héraldiques de Husson, a reproduit le même blason, sans lui donner l'attribution (n° 26 ; Nancy, 1857).

Le *Hérault d'armes* de Dom. Callot, dans le chapitre intitulé « Les écus blasonés des gentilshommes et pairs fiefvéz de l'ancienne chevalerie », donne (f° 451) les mêmes armoiries sous le nom de « *Daugier Guillaume* ».

Dans un Recueil manuscrit de quartiers généalogiques, qui appartient à la bibliothèque de la Société d'Archéologie lorraine et paraît remonter au XVIIe siècle, on remarque (f. 60), avec le nom *Dangier*, les mêmes armoiries, sans l'étoile. Nous voyons ce nom et ces armes, avec l'étoile, dans le *Nobiliaire* de Rennel, d'après Hugo et Cl. Charles ; en outre, l'auteur y donne comme variante le nom de *Guillaume*, qui, ce semble, ne fut jamais qu'un prénom ; voici ce court article :

« DANGIER ou GUILLAUME. *D'azur à une face d'or, chargée à dextre d'une étoile de gueules, accompagnée de trois merlettes d'argent, deux en chef et une en pointe.* — Anc. chevalerie. — M. Hugo. — M. Charles (1) ».

Le même article se retrouve dans le *Dom Pelletier annoté*, avec le nom ANGIER au lieu de DANGIER, et la mention de l'extinction de la famille.

Enfin, dans son *Ancienne Chevalerie*, Jean Cayon a aussi reproduit cette courte notice ; mais, au lieu de trois *merlettes*, il a imprimé et gravé trois *mollettes*, ce qui dénature les armes ; de plus, dans la gravure, l'étoile est placée à sénestre.

On voit que les nobiliaires apprennent peu de choses sur la famille d'Augy. Ailleurs encore, il existe bien des erreurs ; M. Dumont cite un *Pierre Dangy*, seigneur à Sorcy, en 1352, tandis qu'il faut lire 1552. Sur la foi d'un Inventaire, le savant auteur des

(1) *Nobiliaire* de Rennel, ms. de la Bib. pub. de Nancy, p. 55.

Offices a inscrit le nom de *Guillaume d'Angy* comme bailli de Saint-Mihiel en *1368* ; le titre original, qui a été retrouvé, porte *1468*.

Les sceaux que nous avons pu découvrir s'accordent, au moins pour les pièces, avec les descriptions qui précèdent. Celui de Guillaume Ier, offre un écu penché, à une fasce, chargée à dextre d'une étoile, et accompagnée de trois merlettes, avec un griffon pour cimier, issant d'un armet morné, orné de deux pennes élevés, et deux autres griffons pour supports ; la légende n'est lisible sur aucun des trois exemplaires que nous avons vus (v. 10 avril 1453, 26 mai 1458, 5 août 1462). L'étoile a tout l'apparence d'une *brisure*, qui indiquerait dans la personne du possesseur le cadet d'une maison noble. Le sceau de Claude Ier, fils du précédent, est parfaitement conforme (18 janvier 1487). Celui de Pierre II, petit-fils de Guillaume Ier, représente également ces armoiries, avec la légende, en caractères minuscules gothiques « s. *pierre daugy* » (15 décembre 1506, 10 décembre 1510, 24 novembre 1524). Enfin, celui de Guillaume III, apparemment le cadet des petits-fils du même Guillaume, montre, dans des dimensions un peu plus grandes (env. 0^m04 de diam.), les armoiries, comportant, outre l'étoile à six rais, une surbrisure, consistant en un croissant, posé à sénestre de la fasce ; l'inscription, en caractères de la renaissance , porte : S. GVILLAME DAVGI (v. 6 novembre 1517).

Puisque nous avons cité le nom de *Pierre d'Augy*, il sera peut-être bon de mentionner, d'après M. Ch.

Buvignier, un *Pierre d'Augé* qui vivait dans les Ardennes, au xvᵉ siècle, mais que nous n'avons pu rattacher à la famille (1). Un ancien inventaire des archives de Verdun rappelle, en effet, le titre suivant : « Mandement contre le sieur Pierre d'Augé, capitaine de Grandpré et consors, de l'an 1438, au sujet de quelques violences faites aux habitans de Verdun, au préjudice de la sauve-garde du Roy. » (Invent. des arch. de Verdun de 1700, nᵒ 37. — Ch. Buvignier, *Notice sur les archives de l'Hôtel de Ville de Verdun*, p. 17.)

Par contre, le nom et les armes rapprocheraient de la famille un anobli de Lorraine, dont le prénom est cependant tout à fait insolite. Peut-être s'agit-il d'un bâtard. Quoi qu'il en soit, on trouve dans le *Nobiliaire* de Dom Pelletier l'article suivant, sans indication de source.

« Augiez (Louis), valet de chambre de Monseigneur, fut annobli en 1542. Porte d'azur à la fasce d'or, accompagnée de trois merlettes d'argent, deux en chef et une en pointe ; le tout surmonté d'un armet morné, orné de son bourlet et d'un lambrequin aux métaux et couleurs de l'écu. »

Voici, d'après les documents que nous avons recueillis, comment il est possible de dresser la généalogie de la maison d'Augy. Outre les actes que des

(1) Peut-être, du reste, le nom se prononçait-il *Auge* et non pas *Augé ;* l'accent n'est-il pas le fait de l'auteur de *l'Inventaire* cité.

recherches différentes nous ont permis de rencontrer, nous avons consulté l'Inventaire de Dufourny, recourant aux originaux lorsque nous avions l'espérance d'y retrouver des sceaux de membres de la famille.

I. *N.*, père de :

1. *N.*, qui suit.

2. PIERRE Ier, qui, vers 1434, se rendit avec son neveu, Guillaume Ier, à Louppy. (*V. Guillaume Ier*).

II. *N.*, père de Guillaume Ier.

III. GUILLAUME Ier, est le plus ancien représentant de sa famille que l'on voie s'établir dans le Barrois ; il fut seigneur d'Immonville, conseiller du roi René (dès 1455) et bailli de Saint-Mihiel (dès 1448). Il mourut avant 1467, et probablement en 1464, car à cette époque il était remplacé, comme bailli de Saint-Mihiel, par Collart des Armoises.

Voici les dates sous lesquelles nous avons trouvé son nom :

L'Inventaire-sommaire des Archives de la Meuse (B. 1319), d'après le compte du receveur de Louppy pour 1434-1437, mentionne ce qui suit : « Guillaume Dangy et Pierre Dangy, son oncle, sont envoyés avec leurs gens de Revigny à Louppy, pour en augmenter la garnison ; l'eau des fosses étant gelée, une attaque était à craindre ».

« En 1448, Guillaume Dangy, bailli de Saint-Mihiel, s'étant présenté au nom du duc de Calabre, et à quatre reprises différentes, devant les portes de

Châtel et la forteresse de Bainville, pour en deman-
der l'ouverture et l'obéissance au sire de Blâmont,
maréchal de Bourgogne, celui-ci refusa d'accéder à
cette demande » (1).

Le 18 janvier 1449, Guillaume d'Augy, bailli de
Saint-Mihiel, Jean et Vautrin de Nettancourt, frères,
Aubert d'Ourches et Conrard de Herbévillers, recon-
naissent avoir reçu du duc de Calabre la somme de
300 florins du Rhin pour le rachat de ce que le feu
duc Robert avait donné des villages de St-Baussant,
Lahéville, etc., à Thomas d'Apremont, dont ils sont
héritiers (2).

En 1452, dit M. Dumont, « Guillaume Dangy,
bailli de Saint-Mihiel, vient à Bouconville, avec 12
compagnons, pour savoir s'il est vrai que les Bour-
guignons sont venus assiéger le château d'Apremont.
Il en profite pour signifier au comte d'Apremont qu'il
ait à restituer ce qu'il a pris sur les hommes du roi
de Sicile » (3).

Le 1er juin 1453, Jean, fils de René d'Anjou, confirme l'accord fait entre Jean de Toullon et Jean de

(1) H. Lepage, *Communes de la Meurthe*, art. *Bainville-
aux-Miroirs*. Inv. du Tr. des Ch., *Châtel*, 25 (déficit). Sous
la même année, comme bailli de Saint-Mihiel, M. Lepage,
Offices, cite « Guillaume d'Angy », et M. Dumont, *Hist. de
Saint-Mihiel*, t. III, p. 134, « Guillaume Dangy ».

(2) Lay. *Saint-Mihiel*, I, 143 ; *Communes*, art. *Saint-Baus-
sant*.

(3) Dumont, *Ruines*, t. II, p. 46. — Cf. *Justice criminelle*,
t. I, p. LXX.

Mandres, gruyer du bailliage de Saint-Mihiel, par le moyen de noble homme Guillaume Daugy, bailli de Saint Mihiel, le 24 mai 1453, au sujet des pêches de l'étang de La Chaussée (1).

Le 10 avril 1453 (1454 n. st. ?), Guillaume Daugy, conseiller du roi de Jérusalem, etc., et son bailli de Saint-Mihiel, prononce une sentence, en appel, au profit de Didier Mauljehan, de Longchampt, appelant, contre « noble escuier Jehan de Nancy », seigneur dudit Longchampt, intimé. Le sceau du bailli se voit encore, à l'original, appendu sur double queue de parchemin (2).

Le 4 mars 1455 (n. st. 1456 ?), par lettres données à Briey, « Guillaume Dangy, conseiller du roi de Jérusalem et de Sicile, duc d'Anjou et de Bar, son bailli à Saint-Mihiel, déclare que Collin Lassamousste, écuyer, a prêté foi et hommage à son dit seigneur pour tout ce qu'il tient au bailliage de Saint-Mihiel » (3).

Le 20 du même mois, Robert et Pierre de Housse et Thiébaut de Bouligny, fournissent, pardevant « noble Guillaume Dauguy, bailli de Saint-Mihiel », leur dénombrement pour tout ce qu'ils tiennent du

(1) Vidimus de 1459, d'après Dufourny, t. VII, p. 204 ; il renvoie à la lay. *Harbonnière*, n° 45, qui est en déficit.

(2) Lay. *Saint-Mihiel*, i, 147.

(3) « Original. Parchemin. Sceau. » Chartes de Reinach, déposées aux archives du Grand-Duché de Luxembourg, n° 1673 et errata. *Public.* de la Soc. hist. de Luxemb., t. xxxiii.)

duc de Bar à La Chaussée et Hannonville-au-Passage (1).

Par un autre acte de ce jour, les mêmes reprennent, pardevant Guillaume d'Augy, bailli de Saint-Mihiel, tout ce qu'ils possèdent, mouvant du duché, en la prévôté d'Etain, savoir : à Morinville, Chastillon et Hardancourt (2).

Le 1er avril 1456, Collette Ancherin, veuve de noble homme Henry d'Argiers, écuyer, fait auprès du même, ses reprises de ce qu'elle tient en la prévôté d'Etain, à Morinville et Hardancourt (3).

Le 20 avril 1456, Jean Xorel, demeurant à Herbeviller, relève, près de « noble homme Guillaume Dauguy, bailly de Saint-Mihiel », ce qu'il tient à Hannonville-sous-les-Côtes, à cause d'Isabelle de Villers, veuve de feu Geoffroy Champlon, et de leurs enfants (4).

Par lettres datées du château le Bar, le 20 octobre 1456, Ferry de Lorraine, gouverneur du duché de Bar, commet « Guillaume Dangy, bailly de Saint-Mihiel, Jeannot Merlin, président des comptes, et Jean Venredy, conseillers du roi de Sicile, sur la remontrance de M. Robert de Sarrebruche, seigneur de Commercy, pour se transporter audit lieu et assister, avec ledit seigneur ou ses députés, aux informations des abus de justice, forfaitures, amendes,

---

(1) Dufourny, t. V, p. 374 : lay. *La Chaussée*, no 110.
(2) Duf., t. V, p. 536 : lay. *Etain fiefs*, 44.
(3) Duf., t. V, p. 534 : lay. *Etain fiefs*, 39.
(4) Duf., t. VII, p. 372 : lay. *La Chaussée*, 122.

commises connues et autres cas, donner sentence de connoître de tous cas de justice civile et en causes d'appel et autres » (1).

Le 26 mai 1458, Guillaume d'Augy, conseiller du roi de Jérusalem et de Sicile, duc d'Anjou et de Bar, et bailli de Saint-Mihiel, mande au premier sergent, sur ce requis, de se transporter au château d'Apremont, afin de requérir messire Hue d'Autel de délivrer Jean Mayeur, de Girauvoisin, qu'il avait fait emprisonner, et, en cas de refus, de l'ajourner aux premières assises de Saint-Mihiel. L'acte de violence commis sur Jean provenait de ce que celui-ci avait appelé de l'enlèvement de sa fille Mariette, fait par le commandement du seigneur d'Apremont. Le sceau du bailli, en cire verte, est plaqué sur l'original (2).

L'*Inventaire des Archives de la Meuse* (B. 2224), d'après le compte du receveur de Foug pour 1459-1461, mentionne : « Guillaume Dangy, bailli de Saint-Mihiel, se rend à Foug pour s'entendre avec les amis de Claude Musset, arrêté et emprisonné en cette ville ».

« Guillaume Dangy, bailli de Saint-Mihiel », assistait à la cérémonie solennelle qui eut lieu, le 11 février 1461, pour la réception d'un os de saint Georges, donné au commencement de la même année

(1) Duf., t. IV, p. 594 : lay. *Commercy*, II, 41.

(2) Duf., t. I, p. 464 : lay. *Apremont*, liasse 41, n° 3 (actuell. *Aprem.* II, n° 71).

par le roi René au chapitre de la collégiale Saint-Georges de Nancy (1).

Le 5 août 1462, Guillaume d'Augy, seigneur d'*Ymonville* (2) en partie, reprend du roi de Sicile, duc de Bar, la moitié de certains héritages sis audit lieu, partant par indivis avec les hoirs de Colard des Armoises; il requiert Gérard, abbé de Saint-Pierremont, de sceller avec lui. Les deux sceaux existent encore à l'original (3).

Le 1er décembre 1462, André d'Haraucourt, chevalier du Croissant, prête serment entre les mains de Thierry de Lenoncourt, bailli de Vitry, en présence de cinq témoins, parmi lesquels Guillaume d'Augy, bailli de Saint-Mihiel, et Claude d'Augy (4).

Guillaume Ier d'Augy mourut probablement vers 1464, car, en cette année, on le voit remplacé comme bailli de Saint-Mihiel par Colart des Armoises (5). Une charte du 13 avril 1367 rappelle que feu Guillaume d'Augy, bailli de Saint-Mihiel, jouissait d'une pension de 100 francs et 50 florins du Rhin (6). C'est lui, sans doute, que, dans une liste des principaux

(1) H. Lepage, *Communes*, art. *Nancy* (t. II, p. 114); lay. *Coll. Saint-Georges et Primatiale.* — *Voy.* Dumont, *Hist. de Saint-Mihiel*, t. I, p. 173.

(2) Immonville.

(3) Duf., t. III, p. 540 : lay. Briey, 243.

(4) Duf., t. X, partie. II, p. 156. Nous préparons une notice sur cet acte.

(5) Dumont, *Hist. de Saint-Mihiel*, t. III, p. 134.

(6) *Voy.* Claude Ier.

conseillers dont les noms se rencontrent dans les actes du roi René, M. Lecoy de la Marche nomme « Guillaume Augier » (1).

Ce seigneur paraît avoir pris alliance dans la grande famille de Nettancourt. Au nombre des enfants de Georges I, seigneur de Nettancourt, Vaubecourt, Autrecourt, Wailli et Neuville-sur-Orne, marié dès 1400 avec Aliénor d'Apremont, dame de Vaubecourt, le *Dictionnaire* de Moréri (2) nomme, en effet : « Jeanne, mariée à Guillaume d'Augi, seigneur d'Imonville, et bailli et gouverneur de Saint-Mihiel ».

Guillaume dût, en effet, se marier vers la fin du premier quart du XVe siècle, et mourir dans un âge très avancé. Voici ce qui le prouve : Guillaume III, qu'on ne peut considérer que comme son petit-fils (puisqu'il y eut entre eux un Guillaume II, bailli de Saint-Mihiel de 1468 à 1475), était marié dès 1478 ; en admettant qu'il ait eu 25 ans à cette date, il serait né en 1453 ; et, en supposant son père âgé d'environ 30 ans lors de cet événement, il faut nécessairement reporter le mariage de Guillaume Ier vers l'époque indiquée plus haut ; en tout cas, il n'a pas dû s'éloigner beaucoup de l'intervalle compris entre 1420 et 1425.

Guillaume Ier paraît avoir eu deux fils : Guillaume II et Claude Ier.

(1) *Le roi René*, t. I, p. 443.
(2) Edit. de 1759, t. IV, p. 980.

1. GUILLAUME II, bailli de Saint-Mihiel de 1466 à 1475.

Dès l'année 1466, on trouve ce seigneur qualifié conseiller du roi de Sicile et bailli de Saint-Mihiel, dans un acte dont suit l'analyse :

« 1466, 15 avril. — Guillaume Daugy, conseiller du roi de Jérusalem et de Sicile, duc d'Anjou et de Bar, son bailli à Saint-Mihiel, constate que Henri Beyer, chevalier, et Catherine de la Tour, sa femme, ont déclaré qu'en 1432, feu Wainchelin de la Tour, chevalier, et Catherine de Lenoncourt, sa femme, père et mère de ladite Catherine, femme de Henry Beyer, ont vendu par forme de gagière à Huet de Cressy, demeurant à Metz, une grange à Olley, pour 800 fl. d'or, à 11 gros de Metz par florin, lequel a vendu ses droits à divers de Metz, qui ont reconnu aux dits Wainchelin et Catherine, conjoints, le droit de rachat ; ordonnance de faire comparaître les dits détenteurs pour ouïr dire que le rachat se peut faire. »

« Orig. Parch. Sceau. » (1)

L'*Inventaire des Archives de la Meuse* (B. 2230) d'après le compte du receveur de Foug pour 1467-1468, mentionne : « Guillaume d'Augy, bailli de Saint-Mihiel, prescrit aux habitants de Fou de ne recevoir chez eux que des gens du pays ».

On trouve, sous la date du 25 décembre 1468, un acte de main-levée accordée par Guillaume d'Augy, conseiller du roi de Jérusalem et de Sicile, duc

(1) *Chartes de Reinach*, n° 1881 (*Public.* de Luxembourg, t. XXXIII).

2

d'Anjou et de Bar, et son bailli à Saint-Mihiel, à
messires Olry et Ferry de Blamont, pour certaines
portions des étangs de Romeix et de Neuf-Moulin,
sises en la forêt de Woivre, et pour une partie de la
forêt, qui avaient été saisies sur eux, faute de reprises, aveu et dénombrement dans le temps requis. Le
lieutenant du bailli appendit son scel à cet acte en
l'absence du bailli, étant en jugement à Saint-
Mihiel (1).

Le 28 décembre 1472, « au bout et à l'entrée du
pont de Chastel sur Moselle », Henri de Neufchâtel
fit obéissance et ouverture, au roi de Sicile, duc de
Bar, pour les seigneuries de Châtel-sur-Moselle et
de Bainville-aux-Miroirs. Le souverain y était représenté par Philippe de Lenoncourt, seigneur de Gondrecourt, son lieutenant au duché de Bar, accompagné de plusieurs officiers en tête desquels figure
« noble homme Guillaume d'Augy, bailly de Saint-
Mihiel ». Au nombre des témoins, on remarque la
présence de « Guillaume d'Augy, le jeusne », pré-
sumé son neveu (2).

Le 14 août 1473, le roi René mande à ses très

(1) Lay. *Mandres*, n° 69, 3e pièce ; Dufourny, ix, 62 (Mandres, 72). Plusieurs fois cette pièce a été indiquée comme
datée de 1368. — M. Dumont cite « Guillaume Dangy »
comme bailli de Saint-Mihiel en 1468 (*Hist. de S.-Mih.*, III,
153).

(2) Lay. *Châtel*, n° 7. Copie certifiée.— Dufourny, IV, 71.
Cette longue pièce a été récemment imprimée dans les *Documents de l'histoire des Vosges*, t. VIII, 1884, p. 90-100.

chers et féaux conseillers, Philippe de Lenoncourt, lieutenant au duché de Bar, Guillaume d'Augy, bailli de Saint-Mihiel, et Philibert de Stainville, son maître d'hôtel, de se transporter à Pont-à-Mousson afin d'y prendre possession réelle du marquisat au nom de René II, à cause du décès du duc de Calabre son fils (1).

Guillaume II mourut environ deux années plus tard, car M. Lepage mentionne après lui, comme bailli de Saint-Mihiel, « Philippe de Fresnel, par le décès de Guillaume d'Angy, 3 janvier 1475 ». — « Sa nomination, ajoute le même historien, est positivement indiquée dans les lettres-patentes ; néanmoins, M. Dumont donne pour successeur à Guillaume d'Angy, Simon des Armoises, en 1471 ; ce dernier ne fut que plus tard bailli de Saint-Mihiel » (2).

Un jugement, en date du 8 février 1492, fait mention de feu Guillaume d'Augy : « René..., comme, à nos présens grans jours, noz améz Oulry de Landres, appellant, Anthoine et Perin de Landres, frères, enfans de messire Didier de Landres, comme reprenans la cause de leur père, en son vivant pareillement appelant, se sont présentéz à l'encontre de feu Guillaume d'Augi, en son vivant nostre bailli de Sainct-mihiel, adjourné en cas d'appel, et Didier de Malavillers, prévost de Bouconville, comme reprenant la cause de feu Didier Mengeot, dit Graindebon, en son

(1) Lay. *Pont ecclés.*, n° 14. — Lepage, *Communes*, t. II, p. 315.
(2) Lepage, *Offices*.

vivant seigneur dudit Malavillers, intimé, selon le
contenu des exploits sur ce faiz. Savoir faisons
etc. » (1).

Le manuscrit du Musée lorrain coté sous le titre
Quartiers généalogiques, renferme, au f° 60, les seize
lignes d'un membre de la famille de Housse ; à
l'avant dernier rang se voient les armes que nous
avons décrites et le nom *Dangier*. Dans ce manuscrit, l'arrangement des quartiers est fort variable ;
au folio en question, dont nous n'avons pas pu déter-
miner encore, d'une manière complète, la significa-
tion généalogique, il semble que les seize écussons
doivent être divisés par groupes de quatre ; le dernier
donnerait ainsi : Brocque, Orne, Dangier, Hamberch,
ce qui indiquerait l'alliance , vers le milieu du
xv° siècle, d'un seigneur de la maison d'Augy avec
une dame de la maison de *Hamberch*, puis le mariage d'une de leurs filles avec un personnage d'une
famille de *Brocque*. Les deux noms nous étant tout
à fait inconnus , nous n'avons pu vérifier ces
alliances.

Peut-être s'agit-il de Guillaume II, puisqu'il vivait
à l'époque voulue, et qu'on ignore le nom de sa
femme. D'après le manuscrit, les armes de Hamberch,
sont : d'*argent, à trois chevrons de sable* ; et celles
de Brocque : *bandé d'argent et de gueules, de six
pièces*.

Outre la fille indiquée par le manuscrit dont nous
venons de parler, on devrait peut-être compter parmi

(1) Lay. *Saint-Mihiel*, I, 181.

les enfants de Guillaume II, quelques-uns de ceux que nous avons donnés à Claude Ier, son frère.

2. CLAUDE Ier, qui suit.

IV. CLAUDE Ier, fils de Guillaume Ier (ch. du 13 avril 1467), devait être le cadet de Guillaume II, puisque celui-ci fut bailli de Saint-Mihiel de 1466 à 1475, et que Claude ne le devint que plus tard, après 1478. Mais c'est lui qui paraît avoir continué la postérité. On trouve des actes qui rappellent Claude Ier depuis 1457 jusqu'à 1510 ; il était écuyer, seigneur de Boucq, Sorcy et Pagny-sur-Meuse en partie , prévôt de Longwy, dès 1467, et bailli de Saint-Mihiel, de 1478 à 1481. Les biens qu'il possédait, tout au moins Boucq et Sorcy, lui vinrent par suite de son mariage avec *Nicole de Mandres*, fille de Jean de Mandres et de Catherine de Naives.

M. Dumont, qui n'a pas connu l'origine ni l'alliance de Claude d'Augy, le range pourtant, dans son histoire de Sorcy, au nombre des héritiers de la maison de Naives. On voit, dit-il, comme co-partageants d'une rente de six muids et demi de vin, donnée par le comte de Bar à Mille de Naives : « Coard de Heymond et Jehan Forjet, puis... Colard de Foug...; ainsi que Claude Dangy, pour un tiers ».

L'époque la plus ancienne sous laquelle M. Dumont cite ensuite Claude d'Augy est l'année 1457, « où l'on voit un Jean de Neyves, sire de Sorcy et de Boucq, vendre moyennant 30 francs à [l'abbaye de] Rengéval le tiers des étangs de Bazoille et d'Ameipré, appartenant en partie à Claude Dangy,

Hanus Haze et autres, du chef de leurs femmes, qui étaient comme il est dit des descendantes de Mille ». M. Dumont mentionne le même acte dans son histoire de Rengéval, sous la date du 29 décembre 1457 (1).

L'*Inventaire des Archives de la Meuse* rappelle ce qui suit, d'après le compte du receveur de Sancy pour 1458-1460 (B. 1750) : « Jean de Brixey et Claude Dangy, fils de Guillaume Dangy, bailli de Saint-Mihiel, à cause de Nicole, sa femme, comme étant aux droits de Jean de Mandres, touchent chaque année, sur les revenus de la prévôté de Pierrepont, une rente de 24 livres. »

Le 1er décembre 1462, Claude d'Augy fut, avec son père, témoin du serment prêté par André d'Haraucourt, chevalier du Croissant.

Par lettres datées de *Pertuys*, le 13 avril 1467 avant Pâques, le roi René, donne à Claude d'Augy, en échange d'une pension de 100 fr. et de 50 florins du Rhin, instituée en faveur de son père, les ville, place, terre, seigneurie et appartenances de *Perpont* (Pierrepont), en hommes, en femmes, bois, prés, terres arables et non arables. Il qualifie le donataire : « nostre amé et féal escuier Claude d'Augy, nostre prévost et cappitaine de Lonwy », fils de « feu Guillaume d'Augy, en son vivant nostre bailly de Saint-Mihiel » (2).

---

(1) *Fiefs de Commercy*, t. I, p. 419.

(2) Lay. *Sancy* I, 20. — Signature royale et sceau plaqué, détaché.

L'*Inventaire sommaire des Archives de la Meuse*, d'après le compte du receveur de Longwy pour 1466-1468 (B. 1874), mentionne : « Claude d'Angy, écuyer, est envoyé à Longwy par le bailli de Saint-Mihiel, son père (1), pour défendre cette prévôté contre des troupes qui se réunissaient, tant en France que dans le duché de Luxembourg. »

Cet *Inventaire*, d'après le compte du prévôt de La Marche pour 1467-1468, dit : « Le bailli de Saint-Mihiel et ses gens d'armes viennent tenir garnison à La Marche... Parmi ces gentilshommes se trouvent... Claude Dangy... » etc.

D'après la suite du compte du receveur de Longwy, pour 1474-1475 (B. 1879), le même *Inventaire* ajoute encore : « Des troupes à pied et à cheval, sous les ordres de Claude Dangy, capitaine et prévôt, sont chargées de veiller nuit et jour à la sûreté du château. »

Claude Dangy est cité, par M. Dumont, comme prévôt de Longwy, en 1474 (2), comme bailli de Saint-Mihiel en 1478 (3).

Le même, dans son histoire de Sorcy dit : « En 1480, Claude Dangy, Nicolas Naze, Colard de Foug, Jean de Trace, dit Verdelet, et Amé de Neyves, écuyer, tous également descendans en ligne directe

---

(1) Ou plutôt *son frère* ; car à cette époque le bailli de Saint-Mihiel devait être Guillaume II d'Augy.

(2) Dumont, *Justice crim.*, t. I, p. LXXVI.

(3) *Ibid.*, p. LXX, et *Hist. de St-Mih.*, t. III, p. 153. Lepage, *Offices*, qui cite : lay. *Saint-Mihiel*, I, 168.

de Mille de Neyves (1), s'unissent pour repousser les poursuites du Procureur général du Duché qui voulait les évincer. » M. Dumont ajoute que plusieurs démarches antérieures avaient échoué. « Il donnait pour motifs qu'ils n'étaient pas descendants directs de Mille de Neyves et pourtant plusieurs en portaient le nom (2). »

En 1481, Claude d'Augy était remplacé comme bailli de Saint-Mihiel par Simon des Armoises, seigneur de Fléville.

Le 12 août 1484, « Colas de Foug, escuier, seigneur de Marcey (Maxey) sur Wayse, et damoyselle Jehanne la Jaquarde, sa femme, vendent au chapitre de Toul, moyennant 800 francs barrois, ce qu'ils possèdent en la seigneurie de Pargney (Pagny) sur Meuze, « qu'est la pareille part et portion que nobles seigneur Claude d'Angy et damoyselle Nicole, sa femme, à cause de feu Jehan de Mandres et damoyselle Catherine de Neyves, sa femme, avoient de pièça et que, de présent, lesdits vénérables ont audit lieu (3) ». Ainsi Claude d'Augy avait déjà précédemment vendu sa portion au même chapitre de Toul ; mais, comme on le verra, il s'était réservé sa part en la haute justice.

Le 14 mai 1486, « Mangin de Wicranges, dit Godart, prévôt de Sancey, constate que Claude Daugy

(1) Pour ce qui est de Claude d'Augy et de Colard de Foug, il n'est évidemment question que de leurs femmes.
(2) *Ruines de la Meuse*, t. IV, p. 65.
(3) Lay. *Gondrecourt* I, 200 ; Dufourny, t. VI, p. 945.

a reconnu devoir à Jean d'Autel, écuyer, la somme de 70 francs, à 12 gros, monnaie de Barrois, la pièce, pour argent à lui prêté. Le débiteur livrera à son créancier Jean d'Autel, chaque année, à titre d'intérêts, 4 mesures de blé sur le terrage de Nowilonpont » (1).

Le 18 octobre 1487, « Glaude d'Augy, escuier, signeur de Pargny sur Meuze, de Bouch et de Sorcey en partie », fournit son dénombrement au duc de Bar pour le quart par indivis de la haute, moyenne et basse justice de Pagny, etc., à cause de sa femme, damoiselle Nicole de Mandres. Il pria Wary de la Val, abbé de Saint-Mihiel, de sceller avec lui. Ce dernier sceau subsiste seul ; tous deux étaient en cire verte (2).

Le 18 janvier 1487, « Glaude d'Augy, escuier, signeur de Bouch, de Sorcey et de Pargny sur Meuze en partie, » reprend du duc de Bar, à cause de damoiselle Nicole de Mandres, sa femme, « le brul seant derrier Lymermont, on ban de Bruville », mouvant du château de Sancy ; il prie Warry de la Wal, abbé de Saint-Mihiel, de sceller cet acte avec lui. Les deux sceaux sont encore appendus à l'acte ; celui de Claude, en cire brune, représente un écu penché, sur lequel on reconnaît la fasce et les trois merlettes, accompagné des ornements extérieurs employés par son père (3).

---

(1) Copie certifiée ; *Public.* de Luxemb., Chartes de Reinach, n° 2137.

(2) Lay. *Gondrecourt* I, 206. Dufourny, t. VI, p. 946.

(3) Lay. *Sancy*, III, n° 42.

On voit, par un acte du 23 décembre 1494, que Jean
d'Issoncourt voulut racheter l'engagère de Pierrepont, de Claude d'Augy ; mais, des difficultés ayant
été soulevées par *Thomas de la Tour*, il adressa
une pétition au duc, afin qu'il permît la saisie de la
terre, en attendant que le différend fût terminé.

D'une autre pièce, du 5 septembre 1495, il paraît
résulter que Claude d'Augy possédait diverses engagères du duc de Bar, dont l'une provenant de Saubelet de Dun, prévôt de Marville ; il avait lui-même
engagé des biens à feu Gérard d'Epinal, seigneur de
Cons en partie, beau-père de Thomas de la Tour. Il
lui fut permis de retirer ces dernières engagères des
mains de celui-ci, en lui remboursant 600 livres,
et de vendre le tout, moyennant 800 livres,
à une seule personne, à la réserve des foi et hommage et faculté de rachat, au profit du duc, et à la
condition d'employer le prix à l'acquisition de nou-
veaux fiefs. Tel est, ce semble, l'objet de l'acte que
Dufourny a ainsi analysé :

1495. 5 septembre.— « Lettres des gens du conseil
et des comptes du duché de Bar, par lesquelles ils
donnent et octroyent congé à Claude d'Augy, écuyer,
seigneur de Sorcy en partie, de vendre et aliéner à
une personne, pour la somme de huict cents francs,
pour l'engagement fait par le roy de Sicille à feu
Zambelet (1) de Dun, prévôt de Marville, d'un gaignage assis à Pierrepont, le gaignage de Pierrepont,
celuy de Doncourt, un autre gaignage au lieu de

(1) Ordinairement : *Saubelet.*

Ville en Matois (1), appartenant audit D'augy, à cause de Mademoiselle Nicolle de Mandres, sa femme, par luy engagé pour six cent livres à feu Girard d'Espinal, seigneur de Conz, à charge de rembourser laditte somme à Thomas de la Tour, escuyer, ayant le droit dudit Gérard d'Espinal, et que ledit Duc de Bar en pourra faire le rachapt ez lettres de gagères qui estoyent sujet à remploy d'héritages, et d'en faire foy et hommage. — La ditte lettre non scellée ni signée (2). » (V. 1509).

1498. — M. Dumont dit de *Charles de Frontenay, dit Feron*, seigneur de Sorcy en partie : « Il épousa Claire de St-Prix, en 1498, il acheta 4 fauchées de pré en Wavroil, moyennant 60 francs, à Claude Dangy et Nicole, sa femme, du Château-bas (3). »

Le 12 février 1509, Claude d'Augy vendit, à Thomas de la Tour, les biens cités dans l'acte du 5 septembre 1495. L'acquéreur obtint des lettres ducales portant confirmation des conditions spécifiées. Ces lettres sont datées du 6 novembre 1510 (4). Elles mentionnent « Claude d'Augy, escuyer, Sr de Sorcy en partie à cause de feue damoiselle Nicole de Mandres, sa femme ».

Nous croyons que Claude eut trois fils, et deux ou trois filles ; l'aîné des fils hérita, ce semble des seigneuries de Pagny et Sorcy, tandis que les deux autres se partagèrent celle de Boucq.

(1) Ville-au-Montois ?
(2) Dufourny, t. X, p. 133 ; lay. *Mélanges*, 106.
(3) M. Dumont, *ibid.*, p. 42.
(4) Lay. *Sancy* I, 52, avec signature ducale et grand sceau.

1. PIERRE, écuyer, seigneur de Pagny, Sorcy, Saint-Martin, Vertusey et Jouy en partie, mari de *Catherine de Guermange.*

Le 15 décembre 1506, Pierre Daugy, escuier, fournit son dénombrement pour ce qu'il tient, mouvant de la prévôté de Gondrecourt, à *Pargney sur Meuze*, provenant de « Glaude Daugy », son père, et de damoiselle Nicolle de Mandres, sa mère. Il requiert « noble homme et sage, maistre Estienne de Sainct Hillier, lieutenant général du bailliage de Sainct-Mihiel, de sceller avec lui. Les deux sceaux existent à l'original (1).

Le 18 décembre 1510, Jacques de Moncel, écuyer, au nom de ses frères et sœur mineurs, « Jennot et Henry de Moncel », fournit son dénombrement pour moitié d'un gagnage appelé la Court Chaudron, à Longchamps, mouvant de la châtellenie de Saint-Mihiel. Il requiert « Piere d'Augy, seigneur de *Bouch*, son *beau-père* (2) et son *frère* (3) Jean de

---

(1) Lay. *Gondrecourt*, IV, 14.— Nous ne connaissions pas les armes de la famille de Saint-Hillier lorsque, dans un travail récent, nous avons eu occasion de donner sur elle différents renseignements. V. *Monuments funéraires de l'église Saint-Etienne à Saint-Mihiel* (1349-1856) ; Bar-le-Duc, 1884. Le sceau du présent acte porte un écu à un chevron, accompagné de trois objets peu distincts : une étoile en chef à dextre ; une pièce plus considérable en pointe. L'écu est surmonté d'un casque.

(2) Sans doute : second mari de sa mère.

(3) Sans doute : beau-frère.

Sampigny, d'apposer leurs sceaux. Tous les deux existent encore (1).

Une transaction passée, le 3 septembre 1523, entre les quatre villages de Sorcy, Aulnoy, Vertusey, d'une part, et Ville-Issey, d'autre part, touchant la vaine pature, nous montre les représentants de Sorcy assistés de : « Pierre Daugy, Christophe de Stainville et Ferry de Naives, écuyers et seigneurs de Sorcy » (2).

Le 2 novembre 1524, « Piere Daugy, escuyer, signeur de Sorcey, Saint-Martin, Vertusey, et de Pargny sur Meuse, en partie, » fournit son dénombrement au comte Hesse de Linange, etc., à cause de la châtellenie d'Apremont, pour tout ce qu'il tient aux lieux de Jouy et d'Apremont. On voit à l'original son scel et sa signature (3).

Pierre mourut avant 1532 (V. Jean).

« On suppose, dit M. Dumont, dans son histoire de Sorcy (4), que Pierre Dangy, écuyer, seigneur de Vertusey et de Pagny-sur-Meuse, fut le premier seigneur du Château-bas ; nous ne pouvons l'affirmer. »

(1) Lay. *Saint-Mihiel*, I, 207.

(2) Dumont, *Fiefs de Commercy*, t. II, p. 242. Nous avons cru devoir mettre au pluriel les mots : « écuyers et seigneurs », que M. Dumont a transcrits au singulier, bien qu'ils s'appliquent évidemment aux trois seigneurs.

(3) Lay. *Apremont*, 41e liasse, no 21. Dufourny, t. I, p. 642. Au dos, le nom est écrit « Pierre Daugie ». — Cf. Dumont, *Ruines*, t. III, p. 264.

(4) *Ruines*, IV, 56.

Pierre d'Augy épousa, comme on le verra à l'article de ses enfants (ch. du 18 décembre 1510), Catherine de Guermange, qui devait être veuve d'un sieur de Moncel. Nous supposons que Catherine était fille de Jean II de Guermange, seigneur de Bioncourt et de Létricourt en partie, etc., qui vivait en 1473, 1482, 1491, 1506, et dont la femme était, ce semble, appelée Isabelle. La famille de Guermange portait : *de gueules à un croc d'or*.

Pierre d'Augy eut deux enfants : Jean et Antoinette Ire.

a. — JEAN, écuyer, seigneur de Sorcy, Pagny, Vertuzey et Jouy, en partie.

M. Dumont a soupçonné son existence, sans connaître son nom. Comme on ne voit pas, dit-il, que le mari d'Antoinette d'Augy « ait été seigneur de Pagny et de Vertuzey, il est probable que Pierre Dangy avait des fils qui héritèrent de ces deux terres ». Jean reçut même, comme il semble résulter de l'acte de 1532, une partie de la seigneurie de Sorcy.

Le 21 décembre 1527, Jean d'Augy, écuyer, seigneur de Jouy, déclare tenir en foi et hommage ligement de très redouté seigneur monseigneur le comte Hesse, comte de Linange et d'Aspremont, etc., à cause de son châtel et châtellenie dudit Apremont, tout ce qu'il a audit Jouy, appartenances et dépendances. Signé : Jean Daugy ; et scellé de son scel en cire vermeille (1).

(1) Duf., I, p. 644 : lay. *Apremont*, liasse 41, n° 31 (pièce

Le 8 (?) juin 1532, Jean d'Augy, au nom de sa sœur Antoinette, encore mineure, reprend, du duc de Lorraine, partie de la seigneurie de Sorcy, à elle advenue par le décès de son père (1).

Le 10 juin de la même année, « Jehan d'Augy, escuyer, seigneur de Sorcey en partie », ayant le gouvernement et administration des corps et biens de « damoiselle Anthoinette d'Augy », fournit son dénombrement au duc de Lorraine pour ce qu'il tient en fief, pour et au nom de ladite damoiselle, au lieu de Pargney-sur-Meuse ; il requiert Révérend Père en Dieu, l'abbé de Rangeval, qu'il lui plaise mettre son scel audit dénombrement avec le sien. Signé : Jehan Daugy. — Des fragments des deux sceaux, en cire brun-verdâtre, existent encore ; sur le premier, les armes de la famille d'Augy sont reconnaissables (2).

Jean ne paraît point avoir été marié ; du moins, on ne voit pas qu'il ait laissé des enfants. Ses héritiers furent apparemment ses neveux, Christophe et Antoine.

b. — ANTOINETTE Iʳᵉ, femme d'*Antoine de Saulxures,* écuyer, seigneur de Dompmartin sous Amance, prévôt de Bouconville.

Nous lisons, en effet, dans le *Nobiliaire* de Dom Pelletier :

en déficit). Au lieu de *Hesse,* qui est un prénom, l'auteur de l'analyse a écrit : « le comte de Hesse ».

(1) Copie coll., Duf. VII, 21 : lay. *Gondrecourt fiefs,* 72.
(2) Même layette.

« Antoine de Saulxures, seigneur de Dompmartin-sous-Amance ., épousa Antoinette d'Augy, dame de Sorcy en partie, avec laquelle il vivoit en 1539, et qui, selon les uns, étoit fille de Pierre d'Augy, seigneur de Sorcy, et de Catherine de Guermange ; et selon d'autres, fille de Claude d'Augy, et de Béatrix de Custine » (1).

M. Dumont a connu la véritable origine et l'alliance d'Antoinette ; il ajoute que son mari était sieur de Sorcy, et prévôt de Bouconville en 1542, et qu'elle lui apporta le Château-bas (2).

Antoinette était encore mineure en 1532, époque à laquelle son frère, Jean d'Augy, seigneur de Sorcy en partie, fit reprise en son nom des fiefs de Sorcy et de Pagny-sur-Meuse (V. *Jean*).

Antoine de Saulxures était fils aîné de Mengin Schouel, dit de Saulxures, et de Catherine Warin de Clémery. Mengin, anobli par le duc René II eu 1503, devint seigneur de Dommartin-sous-Amance, capitaine, prévôt, gruyer et receveur de Bouconville, et grand fauconnier de Lorraine.

Dans un dénombrement fourni, le 11 juillet 1549, pour Sampigny et autres lieux, Claude d'Aguerre

---

(1) *Nobiliaire*, p. 740.

(2) Dumont, *Ruines*, t. IV, p. 56 (où il a inscrit par erreur 1342, au lieu de 1542) et t. II, p. 13. — M. Dumont s'est singulièrement trompé en faisant assister Bernard de Saint-Vincent, gendre d'Antoinette d'Augy, duquel il mentionne un acte de 1566, aux obsèques du duc François « *en 1443* ». Cette cérémonie eut lieu en 1546.

mentionne, dit M. Dumont, tous les terrages de Gri-
maucourt, « reservé un demi muid de blé que Antoine
de Saussures, écuyer, sieur de Dommartin, sous
ancienneté (1) prend chacun an, à cause de damoiselle
Antoinette d'Aulgrie, sa femme » (2). — Il s'agit
évidemment d'Antoinette d'Augy.

Antoinette d'Augy eut plusieurs enfants, que Dom
Pelletier fait connaître. Vers 1566, l'aîné, Claude de
Saulxures, agissant au nom de ses parents, vendit
à Bernard de Saint-Vincent le Château-d'en-Bas de
Sorcy. C'est ce que l'auteur du *Nobiliaire* rappelle
en ces termes :

« Claude de Saulxures, seigneur de Dompmartin-
sous-Amance, vendit, par contrat passé pardevant
Philippe Platel et Albin Marchant, notaires à Saint-
Mihiel, tant en son nom que comme procureur d'Antoine de Saulxures et d'Antoinette d'Augy, ses père
et mère, ensemble de ses frères et sœurs, les maison-
forte, château, terre et seigneurie, dit vulgairement
le Château d'enbas de Sorcy, à Bernard de Saint-
Vincent, grand fauconnier de Lorraine, et à Marguerite de Saulxures, sa femme, comme il en conste par
les lettres de confirmation et reprises qu'en fit ledit
Bernard de Saint-Vincent, le 27 septembre 1566. »

M. Dumont mentionne à peine cette vente. Il dit
en parlant de Bernard de Saint-Vincent (*Sorcy*,
p. 57) : « En 1566, il acheta la part de Claude de
Saulxures à Sorcy ; ce dernier était *neveu* de sa

---

(1) Sans doute : « de toute ancienneté ».
(2) *Ruines*, t. V, p. 73.

femme. Un peu plus haut, M. Dumont dit qu'Antoine de Saulxure, mari d'Antoinette d'Augy, fut *père* de « *Marguerite*, mariée à Jean de Hennemont et en secondes noces à Bernard de Saint-Vincent,... baron de Monthassin, grand fauconnier de Lorraine, capitaine de Mandres-aux-4-Tours ». Mais alors, il y a contradiction : si Claude de Saulxures, fils d'Antoine, était *neveu* de Marguerite, celle-ci devait être sœur et non fille d'Antoine ; si, au contraire, Marguerite était réellement *fille* d'Antoine, Claude se trouvait son frère et non son neveu. Dom Pelletier et Jean Cayon ont nommé Marguerite sans faire connaitre ses parents. Ce dernier (art. *Saint-Vincent*), citant Caumartin, dit que Bernard de Saint-Vincent, originaire de Biscaye, fut marié « vers 1540, à Marguerite de Saulxures, d'une maison distinguée de l'ancienne chevalerie de Lorraine » ; les cinq derniers mots forment une contradiction avec le *Nobiliaire* de Dom Pelletier.

2. CLAUDE II, qui suit :

3. GUILLAUME III, écuyer, seigneur en partie de Boucq, de Jouy, et, par son mariage, de Cons (-la-Grandville) : il fut prévôt et capitaine de Longwy, et se maria avec *Jeanne de Pouilly*, veuve de Clément d'Epinal, seigneur de Cons. Nous considérons Guillaume comme fils cadet de Claude Ier, à cause de la double brisure de ses armoiries.

Le 28 décembre 1472, *Guillaume Daugy*, le jeune, fut au nombre des témoins de l'acte d'obéissance fait au roi René par Henri de Neufchâtel (V. Guillaume II).

Vers 1478, il épousa Jeanne de Pouilly, dame douairière de Cons en partie, veuve de Clément d'Epinal (1).

Le 10 mars 1486, *Guillaume Daugy, escuier,* fait reprise de tout ce qu'il tient mouvant en fief de monseigneur le duc, à cause de son duché de Bar (2).

Le Cartulaire de l'Abbaye de Chatillon, conservé dans les Archives de la Meuse, rappelle (t. IV, f. 194), parmi les bienfaiteurs et sous la date de 1489 : « noble et honoré escuyer Rogier de Marcy, prévost de Longwy, Guillaume d'Angy, Girard d'Espinal, et autres leurs consors, seigneurs de Grand-Failly ».

Plus loin, à la date du 2 juin 1491, le même Cartulaire (t. V, f. 196. v°) nomme de nouveau : « Rogier de Mercy, prévost de Longwy, Guillaume d'Angy et Gerard d'Espinal, aussi escuyers, seigneurs de Cons ».

Le 4 décembre 1493, « Gérard d'Espinal et Guillaume d'Augy, seigneurs du chastel et seignorie de Cons », attestent et approuvent la donation de deux muids de froment, sur le terrage de Grand-Failly, faite, à l'abbaye de Châtillon, par noble écuyer Henri de Vaux et damoiselle Mariette, sa femme, demeurant à Dampvillers (3).

Le 9 avril 1495, Guillaume fut nommé gouverneur

(1) Arch. du chât. de Cons-la-Grandville. — Commun. dûe à la bienveillance de M. le marquis de Lambertye.

(2) B. 3 (lett. pat.), f. 111, v°.

(3) Arch. de la Meuse, Cartul. de Châtillon. t. IV, f. 203, v°.

et prévôt de Longwy ; voici la mention de cette commission, rapportée dans le Registre des lettres patentes ; contrairement à notre espoir, elle ne fournit aucun renseignement sur la famille du bénéficiaire (1).

« Retenue de prévost et cappitainne de Lonwy pour Guillaume d'Augy.

» Don des offices de prévot et capitainne de Lonwy donné par le Roy à Guillaume d'Augy, seigneur de Cons, aux drois, gaiges, prouffis, honneurs, etc., telz et semblables que lez ont euz ses prédessesseurs, meismes Rogier de Marcey, dernier possesseur d'iceulx, le tout jusques au bon plaisir du Roy. Mandement au bailly de Sainct Mihiel, Gérard d'Auvillers, prendre le serement, etc. Mandement en oultre au receveur général de Barroys, présent et advenir, luy payer lez gaiges et aux termes acoustuméz, tant en argent, graines et autres choses, et par rapporter cestes en vostre compte, etc. En tesmoing, etc. Donné à Gondreville, le IXᵉ jour d'avril mil iiijᵉ iiijˣˣ et xv, avant Pasques. Signé : René. Par le Roy de Sicile, etc. D. Nicolas » (2).

En 1496, M. Dumont met « Guillaume Dangy » au nombre des prévôts de Longwy (3).

L'*Inventaire des Archives de la Meuse* (B. 1895), d'après le compte du receveur de Longwy pour 1496-

---

(1) Cf. : *Dom Pell. ann.* ; Cayon, *Anc. chev.* ; Rennel, Nob. ms., art. *Cons.* Dom Calmet, *Notice*, art. *Cons*, dit également qu'en 1495, Guillaume d'Augy, gouverneur de Longwy, était seigneur de Cons.

(2) Arch. de M.-et-M., B. 5, fᵒ 235.

(3) *Justice crim.*, t. I, p. LXXVI.

1497, mentionne : « Guillaume Dangy, prévôt de Longwy, est condamné à l'amende, pour n'avoir pu prouver qu'un individu lui avait reproché [à tort] d'être juge et partie ».

Le 6 novembre 1517, « Guillaume d'Augy, escuer (sic), signeur de Bouc en partie », fournit à son « trèsredoubté signeur, monsigneur le conte Hesse, conte de Linange, de Dapspourre (1) et Dampier, barron d'Arzelier et de Sainct Jehan d'Escey et d'Aspremont », son dénombrement pour les fiefs qu'il tient de château d'Apremont, notamment des droits et rentes au lieu de Jouy. Son scel et sa signature se voient à l'original (2).

Nous croyons, sans en être certain, que Jeanne de Pouilly était fille d'Aubertin III de Pouilly et de Poincette de Wal. Dès 1462, on la voit mariée, en premières noces, à Clément d'Épinal, seigneur de Cons pour la moitié, fils de Waltrin d'Epinal et de Marguerite de Warise, dame héritière de Cons en partie. Elle paraît être morte vers 1485, un partage, fait par ses enfants, portant la date du 24 janvier (v. st. ?) de cette année.

Les actes de Clément d'Epinal que nous avons pu recueillir vont de l'année 1454 à 1475. Jeanne de Pouilly lui donna deux enfants : Gérard d'Epinal, qui devint seigneur de Cons pour les trois quarts ;

(1) Dagsbourg.

(2) Lay. *Apremont*, 41e liasse, n° 16. Dufourny, t. I, p. 641. — Cf. Dumont, *Ruines*, t. III, p. 264, où il qualifie Guillaume : « sieur de Jouy, Aulnois et Vertuzey ».

et Marguerite, mariée à Thomas de la Tour, dont nous avons déjà rencontré le nom.

M. Jeantin, embarrassé d'expliquer l'arrivée de Guillaume d'Augy dans la seigneurie de Cons-la-Grandville, et ne connaissant pas son mariage avec Jeanne de Pouilly, a imaginé de lui faire épouser Marguerite de Warise, dame de Cons en partie.

Clément d'Epinal était, dit-il (*Manuel*, p. 1676), « fils de *Watrin* et de *Marguerite de Weryse...* celle-ci remariée à *Guillaume d'Augy...* remariée encore à *Robert de Beaufort*, seigneur du *haut Châtelier*, en Ardennes ». Si Marguerite avait eu les trois maris que lui donne M. Jeantin, il faudrait qu'elle eût été mariée quatre fois, car il est certain qu'elle épousa aussi *Jacquemin Simon*, d'une ancienne famille noble de Metz. Mais, hâtons-nous de dire que tout dément les prétendues alliances de Marguerite de Warise avec Guillaume d'Augy et avec le problématique Robert de Beaufort.

Fille unique de Bertrand de Warise, seigneur de Cons pour la moitié, Marguerite avait hérité de son père dès l'année 1420, et devait dès lors avoir épousé Waltrin d'Epinal, originaire de Metz, dont elle n'eut, ce semble, qu'un fils. Bientôt devenue veuve, on la voit remariée, en 1432 et en 1450, à Jacquemin Simon, citain de Metz, le même apparemment qui devint maître échevin en 1439 et en 1452. Il est prouvé que Marguerite de Warise était veuve une seconde fois en 1454, et qu'elle mourut moins de quatre ans après (1).

(1) M. Gérard d'Hannoncelles, *Metz ancien*, n'a pas connu

4. NICOLE, mariée en premières noces, avant 1488, à *Régnier de Creue*, chevalier, mort en 1506, et en seconde noces, avant 1509, à *Jean de Sampigny*, écuyer, fils, croyons-nous, de Jean de Sampigny et d'Anne de Nouroy.

CREUE, l'une des quatre anciennes pairies de l'évêché de Verdun, portait : *d'or, à la croix de sable*. Le prénom de *Régnier* apparaît fréquemment dans la famille des seigneurs de cette localité ; mais on ne sait au juste quels étaient les parents du mari de Nicole (1).

Le 17 juin 1485, Régnier de Creüe, chevalier, affranchit ses sujets du droit de mainmorte, etc. (2).

Le 17 février 1488, le même Régnier et Nicole Dangy, sa femme, vendirent moitié de leur seigneurie à Gérard d'Aviller, grand écuyer de Lorraine, seigneur du Château-Bas de Commercy et de Mars-la-Tour, moyennant 2,250 francs, mais sous réserve de la faculté de rachat (3).

M. Dumont a fait lithographier, vers 1868 (4), la pierre tombale de Régnier, qui se voyait encastrée

l'alliance de Jacquemin Simon avec Marguerite de Warise Nous préparons un travail sur cette dernière famille, entrée dans la seigneurie de Cons dès les premières années du XIVᵉ siècle.

(1) Dumont, *Ruines*, I, 294.
(2) *Ibid.*, p. 295-300.
(3) *Ibid.*, p. 300.
(4) Le t. I des *Ruines* est sans date, mais le prospectus est de l'année 1868. Le t. II est daté de 1869.

dans le pavé de l'église de Creue, en face de l'autel
de la Vierge. Son état de dégradation était déjà tel
que le prénom du personnage, lisible quelques années auparavant, ne pouvait plus y être déchiffré.
M. Dumont ne mentionne de l'inscription que la date
« *cinq cents et six* » ; autant qu'on peut en juger par
le dessin, le jour du décès serait le 24 avril. Le
chevalier est représenté en pied, dans le costume
militaire de l'époque ; on remarque l'arrêt de la
lance sur le côté droit de la poitrine, et la pièce
d'épaule aux armoiries. Un écu, placé entre les
jambes, ne porte plus aucune figure héraldique. En
haut sont deux écus, celui de dextre *à une croix* et
l'autre fruste (1).

Un « procès jugé à Hattonchâtel, par la Chambre
épiscopale..., atteste que Régnier était mort dès
1509, sa veuve, remariée à Jean de Sampigny, figu-
rant dans cette contestation » (2). La partie adverse
était représentée par : Martin La Dague, maire de
Creue, Pierre et Guillaume de Creue, frères, seigneur en partie de cette localité ; l'objet du litige
consistait en une rente de vingt francs, rachetable
de quatre cents francs, donnée à Nicole par son
premier mari. Le Trésor des Chartes contient quatre
pièces touchant cette affaire, dont l'issue n'est pas
connue (3). Dans l'une de ces pièces, les demandeurs
sont nommés : « Honoré s^r Jehan de Sampigny et

(1) Dumont, *ibid.*, p. 294.
(2) *Ibid.*, p. 301, v. aussi p. 82.
(3) Lay. *Hattonchâtel*, II, n°s 3 et 4 ; Duf. VII, 253.

dame Colette Daugy, sa femme, et jadis femme de feu mess⁰ René de Creu, en son vivant chevalier, seigneur dudit lieu ». On voit par là que l'on disait indifféremment *Nicolle* et *Colette*, *Régnier* et *René*.

La maison de Sampigny portait, suivant les nobiliaires lorrains : *d'azur, au chef d'argent, au chevron de gueules brochant sur le tout.*

5. JEANNE, épouse en premières noces de *Renaud de Nouroy*, dont elle était veuve en 1470, et, en secondes, en 1490, suivant Dom Calmet, de *Didier des Armoises* (1502), seigneur de Neuville-sur-Orne et de la vallée de Bussi, grand louvetier de Barrois, troisième fils de Colart des Armoises, bailli de Saint-Mihiel, et de Catherine d'Essey. Didier des Armoises est l'auteur de la branche de Neuville-sur-Orne (1).

Le 8 mars 1470 (n. st.), « Jeanne d'Augy, seconde femme et veuve de Regnal de Nouroy, » fait les reprises de ce qu'elle tient à Port-sur-Seille (2).

« Damoiselle Jehanne d'Augy» est nommée comme femme de « Didiet des Hermoises, escuier, signour

----

(1) Dom Calmet, *Hist. de Lorr.*, 2ᵉ édit., t. VII : Généal. de la maison des Armoises, branche d'Aulnoy. — V. aussi : Le Mercier de Morière, *Recherches sur la maison des Armoises*, dans les *Mém. de la Soc. d'Arch. lorr.* de 1881, p. 315.

(2) Cartul. de l'évêché de Metz, t. 6. — Voy. comte Van der Straten-Ponthoz, *Un procès au XVᵉ siècle...*, dans les *Mém. de la Soc. d'Arch. de la Moselle*, 1863, p. 86.

de Nuefville-sur-Ornain, » dans l'épitaphe de sa
belle-sœur, Linon des Armoises, qui mourut, veuve
de Jean de Villers, seigneur de Sorbey, le 9 mars 1502,
et fut inhumée aux Cordeliers de Metz (1).

Didier des Armoises dut mourir vers 1504 (2).

Renaud de Nouroy, seigneur de Port-sur-Seille en
partie, paraît être le second fils de Philippe de Nouroy, seigneur de la même localité, qui fut marié trois
fois et mourut en 1450. Un tableau généalogique, imprimé et moderne, mais dont nous ne connaissons
pas exactement l'origine, qualifie Renaud de Nouroy
de « célèbre guerroyeur », sans rien ajouter de plus.
(Nous comptons reparler de ces Nouroy dans une
notice sur l'église de Port-sur-Seille).

6. LAURETTE, femme de *Jacques de Pouilly,* fils
de François de Pouilly et de Lise du Four, qui devait
exister tout au commencement du xvıe siècle.

Husson-l'Escossois cite, en effet, comme fils de
François de Pouilly, chevalier, et de Lise du Four :

« Jacques de Pouilly, chevalier, sieur d'Inor en
partie, qui épousa Laurette d'Augy. »

V. CLAUDE II. — Entre Claude Ier, mari de Nicole
de Mandres, qui vivait de 1457 à 1510, et Claude III,
époux de Philippe de Marcheville, dont le décès
semble être arrivé vers 1572, un degré intermédiaire
paraît indispensable. Nous croyons le trouver dans

(1) Gérard d'Hannoncelles, *Metz ancien*, t. II, p. 261.
(2) Le Mercier de Morière, *ibid.*

un autre Claude qui prit alliance dans la grande
maison de Custine et dut vivre dans la première
moitié du XVIᵉ siècle. Mais nous ne sommes parvenu
à lui attribuer aucun acte avec certitude; aussi n'ins-
crivons-nous son nom qu'en exprimant la plus grande
réserve.

Le Dictionnaire de Moréri indique le mariage de
Béatrix de Custine, fille ainée de Jacques, seigneur
d'Auflance, capitaine d'Ivois (1), et de Jacqueline de
Ficquelmont, avec « Claude Daugy ». Une ancienne
généalogie manuscrite de la famille donne les mêmes
indications et nomme l'époux : « Claude d'Agy ou
d'Augy, écuyer » (2).

Claude II a pu être le père de Claude III, qui suit.

VI. CLAUDE III, écuyer, seigneur de Boucq,
d'Abainville et de Pagny-sur-Meuse en partie, épousa
Philippe de Marcheville, fille de Nicolas de Marcheville, seigneur de Séraucourt. Ils habitaient Abainville.

Par contrat passé sous le scel de la prévôté de
Gondrecourt, le 27 janvier 1548, « Claude d'Augier,
escuier, sieur de Bouc en partie, et damoiselle Phe-
lippe de Marcheville, sa femme, demeurant à Bien-

(1) Frère de Thiébaut de Custine, seigneur de Cons en
partie, par son mariage avec Claude d'Epinal.

(2) Copie comm. par le R. P. Goffinet, auteur des *Comtes
de Chiny*, etc. — Dom Pelletier a aussi connu l'alliance de
« Claude d'Augy » avec « Beatrix de Custine », car (p. 740)
il dit que quelques généalogistes les croyaient parents d'Antoinette, qui en 1539 était mariée à Ant. de Saulxures.

ville » (Abainville), vendent à Nicolas de Gondrecourt, escuier, licentié ès loix, lieutenant et conseiller du roi au bailliage de Chaumont, le quart par indivis en un huitième des deux tiers de la seigneurie de Pagny sur Meuse, moyennant la somme de deux cents francs barrois (1).

Le 3 mai 1550, Pierre Guillaume, écuyer, seigneur de Bertainville, Tourculle (2) et Amanty en partie, fournit son dénombrement au duc Charles pour ce qu'il tient en la châtellenie de Gondrecourt. Il requiert « Claude d'Augy, seigneur de Bouc en partie, » de signer avec lui et d'apposer le cachet de ses armes. Les deux sceaux existent encore (3).

Le 24 mai 1552, Claude d'Augy, écuyer, seigneur de Boucq en partie, demeurant à Abainville, se portant fort de demoiselle Philippe de Marcheville, sa femme, vend à Humbert de Moitrey, écuyer, seigneur de Custine et Maizey sur Meuse, et à demoiselle Marguerite Boudet, sa femme, tout ce que ladite demoiselle de Marcheville avait et pouvait avoir et lui est obvenu par le décès de Nicolas de Marcheville, son père, écuyer, seigneur de Seraucourt, des fours grands et petits du lieu de Foug, moyennant 266 francs, 8 gros, etc. (4).

---

(1) Copie coll. du 28 déc. 1574. Lay. *Gondrecourt* III, 14. Dufourny, t. VII, p. 43.

(2) Bertheléville et Tourailles , canton de Gondrecourt.

(3) Lay. *Gondrecourt*, 78 ; Dufourny, t. VII, p. 24.

(4) Dufourny, III, 590 ; lay. *Briey domaine,* 52 ; copie collationnée : « *Claude Dangier* ». Le nº 59, relatif à la même affaire, orthographie : « Claude d'Angier, escuyer ».

On trouve, en l'année 1574, des reprises de la terre de Boucq en partie faites au nom de Claude d'Augy. Est-ce le même que Claude III ? Nous ne le croyons pas, car des reprises de lui à cette époque ne s'expliqueraient guère. En outre, dans l'année précédente, un acte analogue avait été donné par *Antoine d'Augy*, avec cette mention qu'il s'agissait de la succession de ses père et mère. Etant seigneur de Boucq en partie, ainsi que son frère Christophe, il fallait, ce semble, qu'il fût fils de Claude III, et que le décès de ce dernier eût eu lieu avant 1573. D'abord nous avions cru que Christophe et Antoine pouvaient descendre de Jean ; mais, ainsi qu'on l'a vu, il ne possédait rien à Boucq et ne paraît pas avoir été marié. Nous sommes donc porté à admettre que Claude III mourut peu avant 1573 et laissa trois fils : Christophe, Antoine et Claude IV.

1. CHRISTOPHE, écuyer, seigneur de Boucq en partie, né vers 1512.

Le 25 octobre 1585, Jean du Châtelet, chevalier, seigneur de Thons, etc., fit faire par le lieutenant du bailli de Neufchâteau, une enquête touchant ses preuves de noblesse, afin d'être reçu chevalier de l'ordre du Saint-Esprit. Dans le procès-verbal sont cités : « Chrystophe Dangier, Ecuyer, Sieur de Bouch en partie, aagé de 67 ans, » et « Anthoine Dangier, aussi Escuyer et Sieur dudit lieu, frère audit Chrystophe aagé de soixante ans ». — Au nombre des signatures des témoins, on remarque les suivantes :

« Christophe Dangy, pour témoin, » et « Angy témoin » (1).

Christophe ne paraît pas s'être marié ; en tout cas, il ne laissa pas d'enfants. Sa nièce Antoinette hérita de lui, comme on le voit par un acte du 15 janvier 1605.

2. ANTOINE, qui suit.

3. CLAUDE VI, seigneur de Boucq en partie.

Le 24 avril 1574 Michel *Coirenot* (?), fondé de procuration de *Claude D'augis*, écuyer, seigneur de Boucq en partie, demeurant à *Bienville lez Gondre-court*, en date du 8 avril 1573, avant Pâques, fît, au duc de Lorraine et de Bar, les foi et hommage des fiefs que ledit seigneur possédait en la prévôté de Gondrecourt (2). Le 9 février suivant (1574, anc. st.), Claude d'Augy fournit son dénombrement des mêmes biens ; il requiert Françoys de Bilstain, escuyer, de sceller l'acte avec lui ; on voit encore, appendu à une double queue de parchemin, un fragment assez fruste, en cire verte, du sceau de Claude. Son nom de famille est écrit *daulgy* dans le corps de l'acte, et *D'augis* au dos de la pièce (3) ; une minute du même acte porte la signature : « Claude Daugy » (4).

---

(1) Dom Calmet, *Hist. généal. de la maison du Châtelet*, preuves, p. ccx et ccxi.

(2) Copie coll. du 1ᵉʳ juin 1575. — Lay. *Gondrecourt*, III, n° 5. — Dufourny, VII, 39.

(3) Original, *Gondrecourt*, III, n° 24, avec la vérification, au dos de la pièce, en date du 9 juin 1575. (Dufourny, t. VII, p. 49.) — V. aussi dans la même lay., n° 5, une minute en papier du même dénombrement, signée *Claude Daugy*.

(4) Même lay., n° 5. Papier. Sous le même n°, on trouve

Dans sa *Notice de la Lorraine*, à l'article *Abain-ville*, Dom Calmet a mentionné ce dénombrement en ces termes : « Claude d'Augy, écuyer, seigneur de Bouch en partie, demeurant à Abienville, rend ses foi et hommage, en 1574, au duc de Lorraine, pour la maison et héritages qu'il a audit Abienville, au-devant du petit pont, pour lesquels il promet faire les services et obéissance, ainsi que le requiert ledit fief. »

Claude IV mourut sans doute peu d'années après ; il ne paraît pas avoir eu d'enfants. Sa succession échut apparemment à ses frères Christophe et Antoine.

VII. ANTOINE, écuyer, seigneur de Boucq en partie, lieutenant puis capitaine de Neufchâteau, né vers 1525 (v. 1585). Il épousa *Françoise de Gallo*, fille de Pompée de Gallo, chambellan du duc Charles III (1).

Le 9 février 1564, François de Bilistein, écuyer, seigneur d'Abainville en partie, fournit son dénombrement au duc de Lorraine pour les terres et sei-

---

une information touchant les fiefs de Claude d'Augy à Abainville faite le 13 février 1574 (anc. st.), par Nicolas Vollant, prévôt de Gondrecourt, Jehan Guilly, procureur, et Didier des Hazardz, clerc-juré et contrôleur. Ils entendirent plusieurs témoins, entre autres François et Martin des Jobardz, âgés de 49 et de 28 ans, tous deux écuyers. L'ordonnance de la chambre des comptes portait la date du 2 janvier 1574, « stil ancien ».

(1) Dom Pelletier, p. 262, et ch. de 1607.

gneuries d'Abainville et autres lieux qu'il tient mou-
vantes de la châtellenie de Gondrecourt. Il requiert
« honoré seigneur *Anthoine dogier*, seigneur de
Bourg, » de sceller avec lui. L'acte porte la signature d' « A Daugy » (les deux initiales entrelacées) ;
il était muni des deux sceaux en cire verte (1).

Le 6 octobre 1573, « Anthoine d'Augy, seigneur de
Bouch en partye, lieutenant du cappitaine en la ville
de Neuf Chastel, » fournit son dénombrement au
duc de Lorraine pour portion de la seigneurie de
Boucq, à lui appartenant tant de la succession de
ses père et mère que par acquisition qu'il en a faite
d'Antoine de *Sauxeure* (Saulxure) ; il requiert Claude
de Mercy de vouloir mettre son scel à ces lettres,
avec le sien. L'acte est signé : *Daugy* et *Mercy*. Les
armes d'Antoine surmontées de l'armet, se distinguent
sur son cachet, sur papier, appendu à une double
queue de parchemin (2).

Le 25 octobre 1586, ainsi qu'on l'a vu, « Anthoine
Dangier », écuyer, seigneur de Boucq en partie, âgé
de 60 ans, comparut avec son frère Christophe à
l'enquête relative à la noblesse de Jean du Châtelet.

Il mourut avant l'année 1605, comme on l'apprend
par un acte du 15 janvier de cette année (V. *Antoinette II*).

Le 20 mars 1607, sa veuve, qui habitait Adomes-

---

(2) Lay. *Gondrecourt*, II, 97. — Duf. VII, 29.

(1) Lay. *Foug*, II, 9. Joint une enquête du 8 octobre 1573,
faite par les officiers de Foug, pour vérification dudit dénombrement (copie en papier). — Duf. VI. 738.

nil, fit, du consentement de leur gendre, un acte de transport touchant le droit de rachat d'une rente de 100 francs sur le domaine de Blâmont, que la duchesse Christine de Danemarck avait donnée à Pompée de Gallo, son père (V. *Antoinette II*).

Antoine d'Augy ne laissa qu'une fille :

ANTOINETTE II, femme de *Jean des Fours*, écuyer, seigneur de Mont, créé baron par l'empereur Ferdinand II, descendant au cinquième degré de Guillemin des Fours, anobli par le roi René en 1425.

Dom Pelletier dit : « Jean des Fours, écuier, seigneur de Mont, épousa Antoinette d'Augy, fille d'Antoine d'Augy, seigneur de Bouck en partie, capitaine de Neufchâteau, et de Françoise de Gallo, fille de Pompée de Gallo, chambellan du duc Charles III... Il vendit, conjointement avec sa femme, à Nicolas de la Fosse, les deux tiers en un quart et demi et un quarante-huitième qu'elle avoit en la seigneurie de Bouck, et qui lui étoient échus par le décès d'Antoine et Christophe d'Augy, ses oncles (1). »

On possède, en effet, un dénombrement fourni, le 15 janvier 1605, par Nicolas de la Fosse, écuyer, seigneur de Jubainville et Boucq en partie, pour la seigneurie de la Tour, au village de Boucq, mouvant en fief du château de Foug ; il y est dit que ce bien a été acquis de Jean des Fours, écuyer, « gentilhomme servant de madame la princesse », et de « damoizelle Anthoinette daugéz sa femme », et qu'il

---

(1) *Nobiliaire*, p. 262.

provient de *ses oncles*, «les sieurs Anthoine et Cris-
tophle Les Daugez, frères » (1). — Il y a évidemment une inexactitude : Antoine était le père, et non
l'oncle d'Antoinette. Nous n'avons pas, qu'on le
remarque, l'acte de vente, dans lequel une pareille
erreur ne s'expliquerait guère : mais seulement le
dénombrement fourni par l'acquéreur, étranger à la
famille.

L'acte suivant ne laisse subsister à ce sujet aucune
incertitude :

1607, 20 mai. — Nancy. — « Transport fait sous
le scel du tabellionnage de la Cour de Nancy,
le vingtième jour du mois de may 1607, devant
Vitry, tabellion, sa signature cancellée, par damoiselle Françoise de Gallo, veuve de feu Antoine
d'Anger, vivant écuier, sieur de Bourq en partie,
demeurant présentement à Domesnil (2), du consentement du sieur Jean du Four, gentil homme servant
madame la princesse, demeurant audit Domesnille,
son gendre, — à ce présent honoré seigneur Jean
de Thomassin, chevalier, seigneur de Ville paroys,
Lorpes et Montbaillon, conseiller d'Etat du duc
de Lorraine, maître d'hôtel du duc de Bar, et
gouverneur au comté de Blamont, stipulant pour
honorable homme François Marcol, échevin de la
justice ordinaire de Lunéville et receveur des deniers

----

(1) Lay. *La Mothe*, IV, 39. Dufourny, t. VII, p. 673.

(2) La table des noms de personnes porte : Adomesnil ;
sans doute *Adoménil*, cense, comm. de Rehainviller, canton
de Gerbéviller (Meurthe).

FAMILLE D'AUGY.

Résumé généalogique.

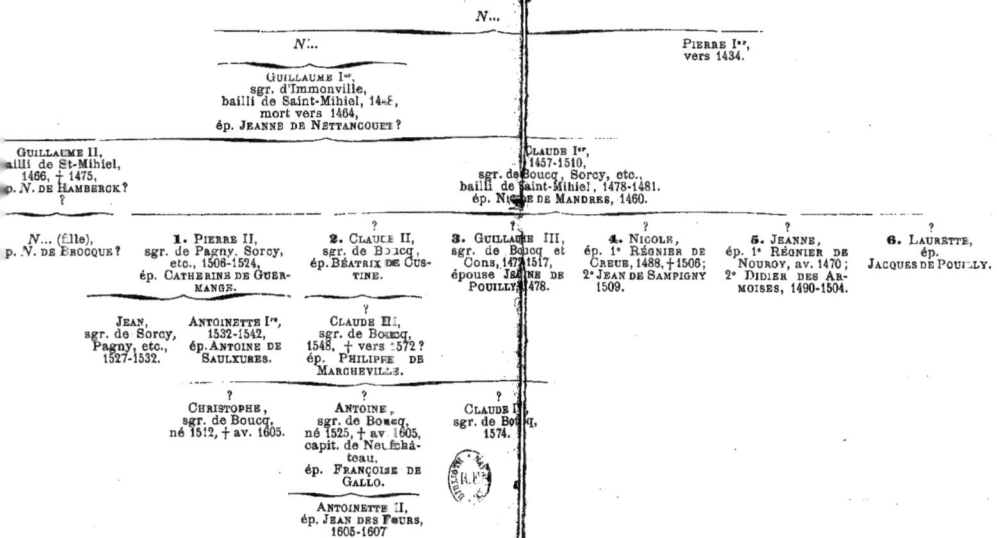

N...

N...		PIERRE Ier, vers 1434.

GUILLAUME Ier,
sgr. d'Immonville,
bailli de Saint-Mihiel, 14..?,
mort vers 1464,
ép. JEANNE DE NETTANCOURT?

GUILLAUME II,
bailli de St-Mihiel,
1466, † 1475,
ép. N. DE HAMBERCK?
?

CLAUDE Ier,
1457-1510,
sgr. de Boucq, Sorcy, etc.,
bailli de Saint-Mihiel, 1478-1481.
ép. NICOLE DE MANDRES, 1460.

| *N...* (Elle), ép. N. DE BROCQUE? | **1.** PIERRE II, sgr. de Pagny. Sorcy, etc., 1508-1524, ép. CATHERINE DE GUERMANGE. | **2.** CLAUDE II, sgr. de Boucq, ép. BÉATRIX DE CUSTINE. | **3.** GUILLAUME III, sgr. de Boucq et Cons, 1471-1517, épouse JEANNE DE POUILLY, 1478. | **4.** NICOLE, ép. 1° RÉGNIER DE CREUE, 1488, †1506; 2° JEAN DE SAMPIGNY 1509. | **5.** JEANNE, ép. 1e RÉGNIER DE NOUROY, av. 1470; 2° DIDIER DES ARMOISES, 1490-1504. | **6.** LAURETTE, ép. JACQUES DE POUILLY. |

JEAN,
sgr. de Sorcy,
Pagny, etc.,
1527-1532.

ANTOINETTE Ire,
1532-1542,
ép. ANTOINE DE
SAULXURES.

CLAUDE III,
sgr. de Boucq,
1548, † vers 1572?
ép. PHILIPPE DE
MARCHEVILLE.

CHRISTOPHE,
sgr. de Boucq,
né 15!2, † av. 1605.

ANTOINE,
sgr. de Boucq,
né 1525, † av 1605,
capit. de Neufchâteau,
ép. FRANÇOISE DE
GALLO.

CLAUDE IV,
sgr. de Boucq,
1574.

ANTOINETTE II,
ép. JEAN DES FOURS,
1605-1607.

des fortifications dudit lieu, — de la somme de cent
frans, monnoye de Lorraine, qu'il aurait plu à feu,
d'heureuse mémoire, Christienne, vivante née de
Dannemark, donner de rente annuelle, sur son
domaine de Blamont, à feu Pompée Gallot, gentilhomme des siens et dudit duc, père de la ditte
damoiselle, moyennant deux mil frans, que le dit
sieur du Four, audit nom de la ditte damoiselle, a
reconnu avoir reçu ; laquelle rente de cent frans
étoit rachetable au bon plaisir de la ditte dame
Christienne et de ses successeurs, moyennant la
ditte somme de deux mil frans. Le dit scel détaché (1). »

Antoinette d'Augy donna, suivant Dom Pelletier,
deux enfants à son mari.

« J'ai lu quelques anciens mémoires, dit-il, qui
prétendent que Jean des Fours, épousa en secondes
noces Jeanne de Mouzay, avec laquelle il vivoit en
1612. »

—

La famille d'Augy paraît s'être éteinte en la personne d'Antoinette, mais son sang coule certaine-
ment encore dans plusieurs maisons nobles de la
Lorraine.

Nancy, 4 août 1884.

(1) Dufourny, II, 449 : lay. B*r*, Mélanges, II, 422.

TABLE

DES MEMBRES DE LA FAMILLE D'AUGY.

———

F<small>IN</small>.

—~~~—

221

www.ingramcontent.com/pod-product-compliance
Lightning Source LLC
Chambersburg PA
CBHW072020290326
41934CB00009BA/2142